3-5 février 1824

CATALOGUE

D'UN CHOIX PRÉCIEUX

DE TABLEAUX ET DE DESSINS

D'HABILES MAÎTRES DE L'ÉCOLE MODERNE,

ET DE BONNES ESTAMPES

ANCIENNES ET MODERNES,

D'ITALIE, D'ANGLETERRE, DE FRANCE, ETC.,

Du Cabinet de M.r D.....

PAR F.-L. REGNAULT-DELALANDE.

329

Cette Vente se fera les Mardi 3, Mercredi 4 et Jeudi 5 Février, six heures de relevée,

HOTEL DE BULLION (SALLE N.° 4), RUE J.-J.-ROUSSEAU, N.° 3.

L'Exposition aura lieu dans le susdit local, le Lundi 2 Février, de midi à trois heures; et l'on verra chaque jour de la Vente, de midi à deux heures, les principaux Articles des Vacations.

Le présent Catalogue se trouve à PARIS,

CHEZ MM. { FÉLIX, Commissaire-Priseur, rue du Faubourg-Poissonnière, n.° 18; REGNAULT-DELALANDE, Peintre et Graveur, cul-de-sac des Feuillantines-St.-Jacques, n.° 12.

DE L'IMPRIMERIE DE LEBLANC.
1824.

CATALOGUE

TABLEAUX.

BERTHAULT (Par M.r *Jacques-Philippe*).

1 Vue d'un Site pittoresque, en partie couvert des eaux d'une petite rivière qui arrive en serpentant à travers des bois : à gauche, entre des arbres, on aperçoit un angar couvert en chaume; du même côté, dans un bateau attaché à une perche, un paysan assis pêche à la ligne; la droite de ce lieu offre une prairie: un pâtre y garde des vaches; Tableau harmonieux, dont la couleur rappelle celle des Maîtres hollandais. H. 11 p. 6 l., L. 14 p. 2 l. *T.*

MICHALON (Par *Achille-Etna*).

2 Vue d'une partie de Frascati, des Jardins de *la Villa Conti* et des Campagnes de Rome, prise de *la Villa Aldobrandini*, au coucher du soleil, dont la splendeur semble enflammer l'horizon et les lieux environnans; un grand chêne vert et deux autres arbres occupent le devant; à droite, au-delà du mur de la terrasse, des pins et des peupliers. Ce morceau, fort de ton, où la dégradation est observée à un haut degré, offre des teintes vraies et de savantes distributions de lumières; le mérite de son exécution lui assure un rang distingué au nombre des meilleurs ouvrages de Michalon. H. 12 p. 10 l., L. 16 p. 3 l.

3 Vestiges du Temple d'Antonin et de Faustine dans le *Campo Vaccino*, Monument élevé en l'honneur d'Antonin-le-Pieux et de Faustine son épouse, vers l'an 168 de l'ère vulgaire; Morceau d'une touche

Suite des Morceaux d'Achille-Etna *Michallon.*

franche et libre, et d'une couleur vigoureuse. H. 13 p. 10 l., L. 9 p. 2 l.

4 Cascade de Terni : des buissons des gazons et des mousses couvrent les montagnes et les rochers entre lesquels les eaux se précipitent : au bas, à gauche, des roseaux. H. 17 p. 10 l., L. 13 p. 9 l.

5 Cascade de Tivoli, prise du sentier qui conduit à la grotte de Neptune : au haut du rocher, un monastère dont on voit le clocher, et une habitation particulière. H. 10 p. 8 l., L. 8 p. 2 l.

6 La Ville et le Golfe de Salerne, à douze lieues de Naples, et partie de la route qui conduit à cette dernière ville. H. 9 p. 4 l., L. 14 p.

7 Le Temple de Cérès, à Pœstum, ville située sur la côte orientale du golfe de Salerne, dans le royaume de Naples. H. 9 p. 2 l., L. 13 p. 10 l.

8 Temple de la Concorde à Agrigente en Sicile : dans l'éloignement, on aperçoit les vestiges du temple de Junon. H. 9 p. 3 l., L. 13 p. 10 l.

9 Restes du Théâtre de Taormine, sur la côte orientale de la Sicile, entre Messine et Catane : dans le fond, le mont Etna ; Morceau d'une touche ferme et savante, et d'une grande force de ton. H. 9 p. 6 l., L. 14 p.

SAINT-MARTIN (Par *Alexandre* PAU DE).

10 Vue d'une Forêt bordée par une rivière où est un moulin : on arrive au moulin par un long pont ; le sol du devant est couvert de saules, de roseaux et de grandes herbes ; à la droite, près du bois, un meunier suit un sentier ; à un des plats-bords qui

Suite des Morceaux d' Alex. *Paù de St.-Martin.*

soutiennent les terres de la berge, A. P. S.t-Martin. 1790. h. 14 p. 5 l., l. 19 p. 2 l. *T.*

11 Pays en partie couvert de bois: une petite rivière y tombe en cascade sous un pont en planche appuyé à une culée en pierre; sur le devant, des morceaux de rochers entourés d'herbe et de branchages; à terre: St-Martin. 1793. h. 11 p. 6 l., l. 15 p. 9 l. *T.*

12 Campagne prise à l'instant où une bourrasque vient de briser un saule dans une prairie; plus loin, au-delà d'une barrière, des arbres encore agités par les vents; à droite, un pâtre et des moutons; sur le devant, S.t-Martin. h. 18 p. 11 l., l. 14 p. 9 l. *T.*

13 Moulin à eau, où l'on arrive par une langue de terre que soutiennent un mur et des pilotis; à droite, deux femmes lavent du linge, un chien est près d'elles; au-delà de la rive opposée, des bois; au coin du devant, sur l'eau: A. P. S.t-Martin. 1812. h. 10 p. 3 l., l. 15 p. 9 l.

14 Prairie coupée par une petite rivière bordée de saules et d'un groupe de grands peupliers; près de là un pont où arrive une paysanne; les fonds offrent des collines et des bois; sur l'eau: S.t-Martin. 1803. h. 20 p., l. 15 p. 7 l. *T.*

15 Moulin sur une petite rivière: à droite une prairie, dans l'éloignement un hameau; derrière le moulin, un angar et l'habitation du meunier. Etude ornée de quelques figures. h. 15 p. 6 l., l. 20 p. (Morc. sans bordure).

THIBAULT (Par M.r *Jean-Thomas*).

16 Vue de partie des Jardins de *la Villa Negroni* à Rome,

une colline décorée de Monumens entourés de pins et de peupliers est à la gauche; le sol des terrains environnans est couvert de plantes et de gazons; un chevrier y retient une chèvre; à droite, dans le fond, la porte Saint-Laurent. Tableau fin de ton et très-harmonieux. H. 8 p. 6 l., L. 11 p. 9 l. *T.*

DIFFÉRENS MAITRES.

17 Lièvre tapi près d'un groupe d'arbres, sur un sol couvert de plantes où sont un oiseau, des reptiles et des insectes: Tableau peint par *Otho Marcellus.* H. 23 p., L. 29 p. *B.*

18 Etudes d'Hyacinthes, de Tulipes, de Pavots, de Roses et d'autres Fleurs. Six Morceaux peints sur toile.

DESSINS ENCADRÉS ET EN FEUILLES.

ALKEN (Par M.r).

19 Chasseur à cheval: deux chiens l'accompagnent; l'un est à sa suite, l'autre a déjà dépassé une clôture de pieux enlassés de branchages, que le chasseur se dispose à faire franchir à son cheval; — Cavalier représenté à l'instant où son cheval franchit une haie: Dessins touchés à la pierre noire et coloriés. H. 8 p. 4 l., L. 12 p. 2 l.

BELLAY (Par M.r).

20* Prairie: un Cheval y broute l'herbe: sur le devant, un vieux tronc d'arbre entouré de broussailles et de chardons; dans l'éloignement, quelques arbres et des collines : ce Dessin, sur papier jaunâtre, est précieusement exécuté à la pierre noire, les lumières avec des rehauts de blanc; au bord de la terrasse, à côté du tronc d'arbre et dans l'ombre : Bellay. H. 7 p. 2 l., L. 9 p.

BIDAULD (Par M.r *Jean-Joseph-Xavier*).

21* Pays couvert de Montagnes baignées par des eaux, qui tombent en cascades et s'étendent vers la gauche du devant; du même côté, au bas, de hautes collines boisées; un pâtre dirige son troupeau pour passer à gué la rivière : des plantes, des broussailles et des branchages couvrent partie du terrain de la droite. Dessin exécuté d'une manière large et savante, touché avec fermeté au bistre, les contours soutenus de quelques traits de plume et les lumières rehaussées de blanc. H. 13 p. 6 l., L. 18 p. 3 l.

BOISSIEU. (Par *Jean-Jacques* de).

22* Paysanne parlant à un petit Garçon : elle est assise dans une vallée sur un monticule où paissent deux vaches; plus loin un taillis et une chaîne de montagnes où sont un ancien château et des fabriques entourés de bois; deux grands arbres occupent le devant; à terre, près de là, J. J. D. B. H. 8 p. 3 l., L. 12 p. 3 l. Ce Dessin harmonieux et les trois suivans lavés à l'encre de la Chine, sur papier blanc.

23* Des Passagers dans une Barque chargée de bois; deux mariniers la dirigent : un village borde la rive opposée; au-delà une montagne où l'on aperçoit un château et une chapelle; à ce Morceau piquant d'effet, sur l'eau : D. B. 1780. H. 5 p. 2 l., L. 10 p. 3 l.

Suite des Morceaux de Jean-Jacques DE BOISSIEU.

24*Campagne en partie couverte de Ruines et de Fabriques : près de là un vieillard debout, appuyé sur son bâton, est au pied d'une colline qui conduit à une terrasse où deux villageois sont à peu de distance d'un angar. Au mur de la terrasse, une fontaine au-dessus d'une auge en pierre; à droite, une haie en paille; du même côté on lit sur le ciel : *Dessiné à Vienne en Dauphiné*, J. J. D. B. H. 8 p. 3 l., L. 13 p. 2 l.

25*Large Rivière : on y voit des barques à voiles; à gauche, une chaîne de montagnes; des ruines, des fabriques et des masses d'arbres couvrent la montagne la plus près du spectateur; du côté opposé, deux villageois assis sur la pente d'un terrain où l'on remarque un âne qui brait; dans l'éloignement une île occupée par d'anciennes fortifications; sur l'eau : D. B. H. 7 p. 5 l., L. 12 p.

BONNINGTON (Par M.r *Richard-Parkes*).

26*Deux Pêcheurs et une Paysanne au bord d'une rivière où sont des barques à voiles : au-delà de la rive opposée, dans l'éloignement, une forteresse et des montagnes. H. 7 p. 2 l., L. 8. p. 11 l. Ce Morceau, piquant d'effet, et les deux suivans, exécutés à l'aquarelle.

27*Vue de Paris, prise du port Saint-Nicolas, où des ouvriers se livrent à différens travaux, et un chartier charge un haquet attelé d'un cheval blanc : le Pont des Arts, partie du bâtiment des Quatre-Nations et de l'île Notre-Dame, occupent le fond. H. 2 p. 11 l., L. 5 p. 1 l.

28*Vue de La Ferté : cette ville est à la gauche; des bâtimens marchands occupent son port, où des matelots font aborder une barque; à la droite, des plaines; à terre, à gauche, V. P. Bonnington. H. 6 p. 11 l., L. 9 p. 5 l.

BOUG-D'ORSCHWILLER (Par M.r *Henri*).

29* Environs du bourg de Hornberg, dans la Forêt-Noire, grand-duché de Baden : pays en partie couvert de bois, entre lesquels coule une rivière que forme une large cascade; à droite, au-delà d'une espèce de parapet, une grande chaumière; plus loin, au haut d'une montagne, une vieille tour; site pittoresque, rendu avec beaucoup de vérité; au bord de la terrasse: B. D'or 1822. H. 8 p. 4 l., L. 11 p. 8 l. Ce Dessin et les deux suivans lavés au bistre.

30* Bords de l'Ill, pris à la Roberceau, près de Strasbourg: ils sont entourés de bois; un bateau est amarré à un des grands arbres du devant; près de la rive opposée un autre bateau; au bord de la terrasse, à cette vue d'un effet agréable, B. D'or 1822. H. 5 p. 11 l., L. 8 p.

31* Intérieur d'un bois, pris en Alsace, dans les environs de Strasbourg : un ruisseau bordé de plantes et de roseaux y baigne le pied d'un gros chêne; au bord de l'eau, une paysanne, un fagot sur la tête; à cette belle étude: Boug-d'Orschwiller 1816. H. 13 p. 11 l., L. 16 p. 3 l.

BOURGEOIS (Par M.r *Flor.-Fid.-Constant*).

32* *Ponte Vicovaro*, sur le Teverone, à douze milles de Rome, route de Tivoli à Subiaco : de grandes fabriques bordent les montagnes de la gauche; au bas du pont, deux villageois. H. 12 p., L. 18 p. Ce Dessin et les quatre suivans lavés au bistre.

33* Vue de l'hôtel de la Préfecture et de l'église cathédrale d'Auxerre, prise du côté du Chevet : dans un chemin, entre deux terrasses couvertes d'arbres et de vignes, un paysan fait avancer son âne; sur la terrasse placée à la gauche, un jardinier traversant un pont de bois; à droite, près de la seconde terrasse, un grand arbre dont la cime se détache sur le ciel, et au mur, C. Bourgeois 1819. H. 13 p. 9 l., L. 18 p. 8 l.

34 Moulin de Brunehaud : de grands arbres couvrent partie des bords de la rivière où il est placé; à droite, un homme assis pêche à la ligne; une langue de terre couverte de gazons et bordée de roseaux occupe le devant; dans l'éloignement, un pont dont on n'aperçoit que deux arches. H. 5 p., L. 8 p.

35 Vieux Moulin, à Ermenonville, sur la rivière dont les eaux arrivent en serpentant; un petit pont de bois où passent une villageoise et un enfant; près de là une femme lave du linge. H. 4 p. 11 l., L. 7 p. 5 l.

36* Rivière entre des masses de grands bois : à droite, des saules pleureurs et une pelouse; du côté opposé, sur un chemin, des vaches, des moutons et des chèvres, et dans l'éloignement, à peu de distance d'un pont de bois, un angar couvert en chaume. H. 7 p., L. 10 p. 6 l.

CARAFFE (Par *Armand-Charles*).

37* Scènes turques : le premier plan est occupé par un homme assis à terre; il fait la lecture à trois Musulmans à genoux, qui l'écoutent attentivement; près d'eux, des enfans jouent à la boule; plus loin, un cavalier et deux fantassins accompagnent un chariot couvert dans lequel sont des femmes; dans le fond, des rameurs conduisent une barque sur un canal; au-delà du canal une ville asiatique et une grande habitation particulière: ce Dessin, intéressant par la variété des costumes et la vérité avec laquelle ils sont rendus, est légèrement colorié, le trait à la plume. H. 10 p., L. 15 p. 5 l.

CHAMPIN (Par M.r *J.-J.*).

38* Pays couvert de Rochers: des eaux y tombent en cascades et font tourner la roue d'un moulin qu'on voit à la gauche; de grands arbres, des plantes et des mousses couvrent les pointes des rochers; dans le fond, un bois et de hautes montagnes; site pittoresque et plein de mouvement, rendu avec beaucoup de vérité et vigoureusement colorié à l'aquarelle: ce Morceau, par sa belle exécution, peut tenir un rang distingué au nombre des meilleures productions de ce Maître; au coin, à droite, sur l'eau, Champin. 1823. H. 18 p. 9 l., L. 15 p. 10 l.

CICÉRI (Par M.r).

39* Fontaine de stile antique: elle présente un monument percé de deux arcades, surmonté d'un fronton que supportent deux pilastres: des conduits à têtes d'animaux amènent les eaux de la fontaine dans un bassin de forme carré; à droite, un escalier; au haut des degrés, deux paysans et une villageoise; un bois occupe le fond: Dessin brillant d'effet et harmonieux de ton, lavé au bistre sur papier blanc; dans la frise du monument, 1609; au coin à droite de la terrasse, Ciceri. 1822. H. 5 p. 3 l., L. 7 p. 3 l.

COIGNET (Par M.r *Léon*).

40 Deux Villageoises faisant leur prière devant une Madone placée dans un défilé de montagne : Dessin lavé au bistre sur papier blanc; à terre, à droite, Coignet Rome 1823. h. 5 p. 6 l., l. 4 p.

COINY (Par M.r *Joseph*).

41*Un Paysan et deux Paysannes à genoux près d'un Religieux prosterné pour recevoir la bénédiction du Pape: la scène se passe sur la place de Saint-Pierre; partie du palais du Vatican, de la colonnade du Cavalier Bernin, et le grand obélisque égyptien de granit oriental, occupent les fonds; inspiré par le sentiment du beau, M.r Coiny a traité ce groupe d'une manière éminemment historique; son exécution grandiose, la vérité avec laquelle il a su rendre le caractère des habitans des campagnes de Rome, et la profonde piété dont le religieux paraît pénétré, tout nous porte à croire que, jeune encore, cet artiste habile continuera par de constans efforts, à mériter les justes éloges dus à ses talens. Dessin d'un bel effet à l'aquarelle; au bas de la marche où sont placés les personnages, les lettres J. C. (*Joseph Coiny*). h. 7 p. 1 l., l. 6 p. 9 l.

42*Un Paysan et une Paysanne des campagnes de Rome, présentant un enfant nouveau né à la Madone : le religieux desservant et une jeune fille sont à genoux à leurs côtés; à droite, un enfant en pleurs est assis à terre; dans le coin, J. C.; Dessin à l'aquarelle. h. 6 p., l. 4 p. 1 l.

CONSTANTIN Père, *d'Aix* (Par M.r).

43*Villageois en route : une charette attelée de bœufs les

précède ; à gauche, des fabriques et des ruines; près de là, un homme en manteau et un paysan se reposent; Dessin touché avec facilité à l'encre de la Chine sur papier blanc. H. 10 p., L. 15 p. 6 l.

DE BEZ (Par M.r *Jean-Jacques*).

44* Premier Moulin près de Villeneuve-Saint-George, sur la rivière d'Hières: un bateau où une femme est près d'un marinier qui tire un filet de l'eau, occupe le devant; Morceau piquant d'effet et précieux d'exécution; à gauche, sur l'eau, J.-J. DE BEZ 1822. H. 6 p. 8 l., L. 9 p. 4 l. Ce Dessin et le suivant lavés au bistre.

45* Moulin sur une petite rivière que bordent des saules et d'autres arbres: sur le devant, un pêcheur debout sa ligne à la main: Composition agréable et harmonieuse de ton; à terre, à droite, J.-J. DE BEZ. H. 5 p. 7 l., L. 7 p. 6 l.

DEROY (Par M.r *J.*).

46* Vue de la Porte Saint-Jacques à Joigny: cette porte, d'architecture sarrazine et décorée de statues, est flanquée de deux grosses tours rondes; un cavalier se dirige vers le pont en pierre qui la précède; au-delà, au bord de l'Yonne, un marché public; la rive opposée offre de riches campagnes; dans le fond une haute montagne; sur les devants, des arbres artistement groupés et des collines couvertes de pelouses où paissent des moutons et des chèvres gardées par une jeune fille; au mur de la ville, PORTE S.t-JACQUES A JOIGNY; au-dessous, DEROY 1823. Morceau très-vigoureux de ton et d'un bel effet. H. 10 p. 3 l., L. 13 p. 8 l. Ce Dessin et le suivant exécutés à l'aquarelle.

Suite des Morceaux de M.r J. Debry.

47* Vue de l'Allier, près d'Issoire en Auvergne : cette rivière serpente entre des montagnes coupées de bois; le premier plan est en partie occupé par des collines garnies d'arbres; en avant, à la droite, au sommet d'un terrain élevé, les débris d'un vieux château; à gauche, deux cavaliers suivent un chemin qui conduit à une ancienne porte de fortification flanquée d'une tour ronde crénelée; au-delà de la porte, un rocher couvert de grands arbres : Morceau d'un effet harmonieux. h. 5 p., l. 6 p. 9 l.

DESTOUCHES (Par M.r).

48 Église de *San Martino ai Monti* : la porte d'entrée, que décorent deux colonnes d'ordre ionique, est ornée d'une Madone : monument placé entre des maisons particulières; à celle de droite, un n.o 20; du côté opposé, une pierre avec l'inscription Strada S.M. Maj.; au coin du devant, Destouches 1821. Dessin à l'aquarelle. h. 6 p. 8 l., l. 5 p. 1 l.

DUNOUY (Par M.r *Alexandre-Hippolyte*).

49 Vue de Cascades dans les bois de Castelamare, dans le royaume de Naples : les pieds des arbres de ce lieu solitaire sont baignés par les eaux des cascades : au bord de l'eau, quelques roseaux et des plantes. h. 9 p. 6 l., l. 7 p. 4 l. Ce Dessin et les trois suivans lavés au bistre.

50* Pays couvert de rochers et de montagnes, couronnés de masses d'arbres : au bas des rochers, près d'une cascade, un pêcheur et deux enfans; à terre : Dunouy. h. 8 p. 9 l., l. 11 p. 9 l.

51* Rivière dont les eaux baignent les pieds de hautes

Suite des Morceaux de Mr Alexandre-Hippolyte DUNOUY.

montagnes et de rochers garnis de grands arbres: sur le devant, un pêcheur, son filet sur l'épaule, monte une colline. H. 14 p. 4 l., L. 10 p. 10 l.

52*Intérieur de Forêt où coule une rivière: à droite, un groupe de quatre grands arbres; du côté opposé, des collines boisées; un paysan y cueille des fruits; dans l'éloignement, un pont en pierre, dont on ne voit que trois arches. H. 15 p. 4 l., L. 22 p. 2 l.

ENFANTIN (Par M.[r]).

53*Four à plâtre et Masures bordés par un sentier où marche un paysan: sur les devants, une colline couverte de gazon et des débris de murailles. Dessin, piquant d'effet, exécuté au bistre sur papier blanc. H. 3 p. 5 l., L. 4 p. 4 l.

FIELDING (Par Mr *Newton*).

54*Grande Plage vers laquelle se brisent des vagues de la mer: sur le sable, un canot amarré à un ancre; plus loin un matelot, un chien l'accompagne; dans l'éloignement, deux barques et des pêcheurs: la mer et des montagnes terminent le fond. Dessin à l'aquarelle, vigoureux de ton et piquant d'effet, où l'on trouve une observation exacte de la perspective linéaire; à gauche, sur l'eau, NEWTON FIELDING. H. 5 p. 4 l., L. 8 p. 6 l

FONTAINE (Par Mr *Pierre-Franç.-Léonard*).

55 Des Hommes de tous âges et de tous états se dirigeant vers une grande chapelle élevée en l'honneur de la Madone, près de la fontaine du lac Albane; Dessin à l'aquarelle, le trait à la plume. H. 12 p., L. 10 p. 6 l.

GASSIES (Par M.r).

56 Environs d'un Port : à gauche, des fortifications dans une gorge formée de hautes montagnes; deux canots, à sec sur le sable, occupent le devant; près de là deux matelots allument leur pipe, et une femme à genoux cherche des coquillages dans le sable; à la droite, une grande étendue de mer; dans l'éloignement des embarcations. L'Artiste, en représentant ce site à la fin d'un orage, a profité de l'instant où l'atmosphère est encore chargée de nuages, pour en rendre l'effet plus piquant; Morceau touché avec fermeté et d'une couleur très-vigoureuse; au bas de la terrasse vers la droite, GASSIES. H. 6 p. 7 l., L. 9 p. 6 l.

GÉRARD (Par M.r *François-Paschal*).

57* Le Laboureur, à son retour, reçoit les embrassemens de sa fille et ceux du plus jeune de ses enfans, que lui présente son épouse; deux autres de ses fils se sont déjà emparés de son manteau et de ses instrumens aratoires; la porte ouverte laisse voir la bergerie.

Interea dulces pendent circum oscula nati:
Casta pudicitiam servat domus; ubera vaccæ....
VIRGILE, Georg., *Lib. secundus.*

Cependant ses enfans, ses premières richesses,
A son cou suspendus disputent ses caresses :
Chez lui de la pudeur tout respecte les lois;
Et ses chevreaux. . . . .
Georg., *Liv. second.* Trad. de DELILLE.

Dessin plein de grâce et d'un bel effet, lavé au bistre, les lumières rehaussées de blanc. H. 8 p., L. 5 p. 9 l.

GIRODET-TRIOSON (Par M.r *A.-Louis*).

58* Oreste envoyé près de Pyrrhus pour réclamer, au

nom des Grecs, le jeune fils d'Hector : le moment représente celui où l'Ambassadeur adresse la parole au fils d'Achille, et dit à ce prince :

» Et qui sait ce qu'un jour ce fils peut entreprendre?
» Peut-être dans nos ports nous le verrons descendre,
» Tel qu'on a vu son père embraser nos vaisseaux,
» Et la flamme à la main, les suivre sur les eaux.

ANDROMAQUE, Scène 2, Acte I.er

La scène se passe en Epire, dans le palais de Pyrrhus; la salle est décorée d'un bas-relief et d'une statue de Minerve. Dessin au bistre, les lumières rehaussées de blanc. Composition pleine de noblesse et d'expression, également recommandable par la pureté des formes, l'observation exacte des costumes et le belengencement des draperies : à gauche, sur un careau de marbre du plancher, le chiffre formé de lettres A. L. G. suivi du mot INV. H. 9 p. 9 l., L. 7 p. 3 l.

GRANET (Par M.r *Marius*).

59* Place du Palais Barberini, et la fontaine du Triton, prises de la porte du palais Barberini, où est un religieux; à l'extrémité de la place, d'autres religieux : Dessin d'un effet lumineux, lavé au bistre. H. 6 p. 11 l., L. 4 p. 10 l.

60* Capucinière : on y voit, à la droite, à demi-étage d'un grand escalier, deux religieux; du côté opposé, sous une voûte, un capucin prêt à entrer dans une cour : Dessin au bistre. H. 5 p. 4 l., L. 3 p. 11 l.

61* Grande Arcade, d'où l'on voit un cloître où sept religieux se promènent : le fond est occupé par des bâtimens du monastère; on aperçoit au-delà la cime d'une montagne : Dessin lavé à l'encre, et légèrement colorié. H. 5 p. 11 l., L. 4 p. 7 l.

GUDIN (Par M.r *Théodore*).

62 Environs d'un Port à l'instant d'une tempête : à la droite, un bâtiment vient d'être englouti au pied d'un rocher près duquel il a été jeté; l'équipage et les passagers encombrent une chaloupe dans laquelle ils se sont échappés du naufrage; quelques-uns d'entre eux, tombés à la mer, et assez heureux pour éviter les écueils et parvenir à gravir le rocher, semblent entendre les cris de détresse de leurs compagnons d'infortune, et s'efforcent de leur jeter un cable pour les aider à échapper à la furie de la tempête : dans l'éloignement, une tour frappée par les éclats de la foudre; un vaisseau et d'autres bâtimens près de périr. Composition d'un grand effet, où le Maître a eu l'art de rendre avec beaucoup de vérité le mouvement des vagues, et de conserver aux eaux leur couleur légère et transparente. H. 10 p., L. 13 p. 10 l. Ce Dessin et les deux suivans à l'aquarelle.

63* Intérieur du Port du Hâvre, où sont des bâtimens sous voiles, des barques et des canots : dans l'éloignement, une grosse tour; à droite, sur l'eau : T. Gudin. H. 5 p., L. 6 p. 11 l.

64 Des Hommes se baignant dans la mer, près d'un canot que couvre une grande voile; à différentes hauteurs, des bâtimens en marche : dans l'éloignement, une ville et un port. H. 4 p. 1 l., L. 5 p. 11 l.

HARLEY (Par M.r *George*).

65* Vues de Collines que séparent des buissons et de grands arbres : ce sol, couvert d'herbes et de mousses, est coupé par un chemin sablonneux fermé d'une barrière; au-delà une pièce de blé; à la gauche du

Suite des Morceaux de M.r George HARLEY.

devant une mare bordée de roseaux. H. 8 p., L. 11 p. 2 l. Ce Dessin, d'un ton vrai, touché avec facilité, et vigoureux de couleur, et les deux suivans à l'aquarelle.

66* Jeune Garçon sur un chemin bordé par des blés, et par un bois taillis entouré d'une clôture d'échalats : dans le fond, au-delà d'une forêt, une tour carrée et les maisons d'un village; à terre, à droite : GEO. HARLEY 1823. H. 8 p. 2 l., L. 11 p. 1 l.

67* Villageois assis près d'une écluse : il pêche à la ligne dans un rivière où avancent des langues de terre couvertes de grands arbres; dans l'éloignement deux barques à voiles, et une montagne où est une vieille forteresse; un terrain sablonneux et une colline couverte d'arbustes et de gazon occupent les devants. H. 8 p. 2 l., L. 12 p.

HARRIET (Par *F.-J.*).

68* Clio, fille de Jupiter et de Mnémosine, représentée à mi-corps, la tête couronnée de lauriers, les mains sur un livre : près du livre, un masque déchiré; Dessin à la pierre noire, sur papier blanc. H. 23 p. 6 l., L. 16 p. 6 l.

JOLY (Par M.r *A....*).

69* Moulin à Saint-Ouen : une colline, bordée de saules et d'autres arbres, occupe la gauche; du côté opposé des filets et des nasses, près d'une cloison en charpente et en planches, sur l'eau : A. JOLY. H. 8 p., L. 9 p. 6 l.

70* Jeune Troubadour considérant une tour en ruine : on le voit au-dessus de l'entrée d'un souterrain;

Suite des Morceaux de M.r A. Joly.

dans l'éloignement une forêt; au bord, à droite: A. Joly. H. 5 p., L. 7 p.

71*Ecluse dont les eaux tombent avec rapidité entre une colline et un vieux mur: au-delà du mur une chaumière; sur le devant un arbre, des broussailles et des plantes; à terre: Joly. H. 4 p. 11 l., L. 5 p. 9 l.

ISABEY (Par M.r *J.*).

72*Intérieur de Forge: trois forgerons y battent un fer rouge sur une enclume; un de leur camarade active le feu de la forge. Dessin piquant d'effet, touché au bistre sur papier blanc; au coin, à droite, J. Isabey. H. 2 p. 3 l., L. 3 p. 10 l.

ISABEY (Par M.r *Eugène*).

73*Deux Matelots occupés à décharger une barque: l'un, sur le rivage où déjà la marmite est placée, porte un grand panier; le second est dans la barque; la mer, où l'on voit un bâtiment léger, termine cette Composition. Dessin à l'aquarelle, très-fin de ton et d'une grande harmonie; sur l'eau: Eugène Isabey 1820. H. 4 p. 1 l., L. 5 p. 7 l.

LANTARA (Par *Simon-Mathurin*).

74*Vue de la Marne: d'un côté un moulin, un château et des maisons de plaisance; de l'autre une prairie entourée des saules et environnée de riches campagnes; un pêcheur, dans son bachot, occupe le devant. Dessin précieusement fait à la pierre noire. H. 9 p. 6 l., L. 15 p. 9 l.

LIGER (Par M.r)

75**Ponte Nomentano*, sur le Teverone, à trois milles de

Rome, par *Porta Pia.* Dessin à l'aquarelle. H. 13 p. 5 l.; L. 19 p. 10 l.

76* Fabrique dite *la Maison du Poussin*, dans la campagne de Rome; Dessin au bistre et à l'encre de la Chine. H. 12 p. 3 l., L. 19 p.

LORY fils (Par M.r *Gabriel*).

77* Le Départ des Troupeaux: la scène se passe dans le village de Meyringen, dans le canton de Berne; elle présente l'instant où les bouviers disent adieu à leurs femmes; dans l'éloignement, la cascade du Reichenbach; au-delà les glaciers du Velhorn. Dessin à l'aquarelle; au coin de la terrasse: G. LORY *fils.* H. 7 p., L. 9 p. 9 l.

MALLET (Par M.r *Jean-Baptiste*).

78* École de jeunes filles: elles sont en classe; les plus instruites entourent une table où elles écrivent; les autres, sur un banc ou sur leur petites chaises, étudient leur leçon, pendant qu'une grande demoiselle, *un professeur sans doute*, se chauffe au poêle dont une petite fille souffle le feu; il règne parmi les élèves une sorte d'inattention, causée par l'intérêt qu'elles paraissent prendre à une de leur camarade, mise en pénitence pour avoir mal répété: cette victime du devoir est en pleurs, à genoux au milieu de la classe; à terre, près d'elle, le cathéchisme cause de son chagrin. La maîtresse, gravement occupée à faire épeler un petit enfant, semble ne pas s'apercevoir des distractions de ses élèves; à un des murs, une statue de la Sainte-Vierge, et, devant la croisée qui éclaire la chambre, un serin dans une cage suspendue à une planche; au fond, à droite, on aperçoit, à travers le vitrage d'une porte, une servante occupée de soins domestiques; au bord du devant, sur le parquet, MALLET 1822. H. 7 p. 7 l., L. 6 p. 5 l. Ce Dessin et les deux suivans, exécutés à l'aquarelle, se distinguent par des touches pleines de finesse; une couleur légère et transparente, des effets piquants et lumineux.

79° Deux petits Garçons demandant pardon pour leur sœur, accusée d'avoir dérobé des fleurs du jardin: la petite fille, debout et toute honteuse, n'ose lever les yeux vers sa maman, qui lui reproche sa faute, en lui montrant les fleurs, encore dans son petit chapeau de paille; l'aîné de ses fils la tient étroitement embrassée, tandis que son jeune frère, à genoux, élève ses petites mains jointes, pour obtenir la grâce de la coupable, à laquelle la mère paraît très-disposée à pardonner. La scène se passe dans une chambre, où l'on remarque une pie dans une cage d'osier suspendue au plancher; à terre, à droite, MALLET 1822. H. 6 p. 11 l., L. 8 p. 2 l.

80° Intérieur de Chambre où une jeune Femme allaite un Enfant: devant elle, un petit garçon et une petite fille à genoux, disent leur *Benedicite*; près d'eux, la nape mise sur une table garnie d'un riche tapis; sur la table, les assiettes de la petite famille et une grande soupière; une jeune fille, debout, taille le pain; plus loin, la bonne maman au coin du feu; à gauche, à côté du lit, une niche avec statue de Madone; à droite, sur le devant, un chien paraît attendre avec impatience l'instant du repas; à terre, du côté opposé: MALLET. H. 7 p. 9 l., L. 10 p.

MICHALON (Par *Achille-Etna*).

81* Parties des Murs de Rome et des Jardins de la *Villa Ludovisi*, pris du haut de la *Villa Medicis;* dans l'éloignement, les monts Apennins et partie de *Monte-Cavi*. Dessin non terminé, lavé à l'encre de la Chine, sur papier blanc. H. 5 p. 3 l., L. 8 p. 10 l.

82 Vues : d'une partie de la ville Nemi et du lac de ce nom ; — Village près de Palestrine, dans la campagne de Rome ; — Cascatelles de Tivoli ; — *Castel Madama*, route de Tivoli à Subiaco ; — Rocher de *Gragnano ;* — Études de Plantes à la *Villa Borghèse :* 6 Esquisses à la pierre noire sur papier blanc.

83 Vues : de la Ville de Salerne et de partie du Lac ; — *Molo di Gaeta;* — *Amalfi*, au bord du lac de Salerne ; — *Domossola*, ville située à peu de distance du Simplon ; — *Lago di Loppio*, au nord de l'Italie ; et deux différentes Vues du Lac de Come : 7 Esquisses à la pierre noire sur papier blanc.

84 Vues : de la Chapelle de Saint Bruno, près de Grenoble, dans le Dauphiné ; — de la Chapelle de Guillaume Tell à Kusnach, en Suisse ; — un Paysage avec pont ; — et des Études de Plantes : 6 Esquisses à la pierre noire sur papier blanc.

NICOLLE (Par M.r *Jean-Victor*).

85* *Romitorio* et *Oratorio* à Ronciglione, *Via di Firenze* à Rome : l'oratoire est à la droite ; on y voit une lampe allumée devant la Madone ; vers la gauche, près d'une jeune fille en prière, un religieux parle à une dame dont le voile est baissé ; au bas du devant d'autel de la chapelle : V. I. NICOLLE. H. 6 p. 8 l.,

Suite des Morceaux de M.r Jean-Victor Nicolle.

L. 4 p. 8 l. Ce Dessin et les 22 qui suivent exécutés à l'aquarelle.

86* La Place du Palais Barberini et de la Fontaine dite *la Fontana del Tritone* à Rome : à gauche, des hommes et des enfans près d'un dessinateur; à droite, au mur de face de la seconde maison, au-dessus d'une petite croisée : V. J. Nicolle. H. 7 p. 1 l., L. 11 p. 7 l.

87* Vues : de la Place et Basilique du Vatican et du Palais du Pape, — et de l'Obélisque et du Temple de la Rotonde à Rome : 2 Dessins dans des ronds. Diamètre, 4 p. (Bord. noire, à filet en cuivre).

88* Vues : de l'Arc de Constantin et d'une partie de l'Amphithéâtre Flavius ou Colisée; — du Temple de Vesta et de Sainte-Marie, *in Cosmedine*, avant la restauration; — de la Coupole de Saint-Pierre du Vatican, prise du Palais Borghèse; — et de la Place de Sainte-Marie, *in Campitelli*, à Rome. 4 Dessins dans des ronds. Diamètre, 3 p. (Bord. noire, à filet en cuivre).

89 Vues : du Pont des Sénateurs, à Rome, vulgairement dit *Ponte Rotto*; — et de la principale rue de *Chioggia*, située dans les lagunes à Venise : chaque Dessin porte 3 p. 1 l. de H., sur 5 p. 9 l. de L.

90 Vues : de la Ville de Come, située sur le lac du même nom, dans le Milanais; et de la Porte de la Lopia à Vicenze : chacun de ces Dessins porte 2 p. 8 l. de H., sur 5 p. 4 l. de L.

91 Le Colisée, pris des Thermes de Titus; — Sépulchre de *Cecilia Metella*, actuellement appelé *Capo di Bovi*; — Coupole de Saint-Pierre, prise de *la Villa* des Empereurs; *Pazzarolli*, ou Retraite pour les

Suite des Morceaux de M.r Jean-Victor NICOLLE.

Folles. Ces 4 Vues de Rome portent chacune 2 p. 2 l. de H., sur 3 p. 3 l. de L.

92 Tribune de l'Eglise de Saint-Jean et Paul, située à *Monte Celio*, à Rome : des figures ornent les différens plans ; à droite, à un mur : v. i. NICOLLE. H. 6 p. 7 l. L. 11 p. 8 l.

93 Vue du Temple de Vesta, et de Sainte-Marie *in Cosmedina* (avant la restauration du portail), à Rome ; à droite, sur un mur près du Temple, au-dessus d'une petite croisée, v. i. NICOLLE. H. 7 p. 6 l., L. 11 p. 7 l.

94 Vue prise *à Santa Martha*, à l'extrémité de la *Giudecca*, à Venise : à droite, au-dessus d'une porte près de laquelle est assis un mendiant, v. i. NICOLLE. H. 5 p. 11 l., L. 6 p. 10 l.

95 Deux Vues de l'Église des Carmes, près la place Maubert à Paris ; l'une, l'intérieur de la sacristie ; l'autre prise du côté méridional du cloître. H. 6 p., L. 8 p. 6 l.

NORBLIN (Par M.r *Jean-Pierre*).

96* Des Dames et des Cavaliers arrivant à l'Échoppe d'un Marchand établi près du parapet sur le quai de l'Ecole : la scène est éclairée par la lumière de deux lanternes ; des enfans accompagnent deux des dames que le marchand s'empresse de servir ; derrière elles la marchande endormie sur sa chaise ; près de là des commissionnaires. Dessin d'un effet piquant et vrai, lavé à l'encre de la Chine ; le trait à la plume ; à gauche, à la bordure du trottoir, N. F. 1818. H. 9 p. 11 l. ; L. 13 p. 4 l.

RENOUX (Par M.r).

97* Intérieur de la Grange dite *la Grange aux Dîmes*, à Provins : la vive lumière que produit une croisée ouverte éclaire cette grange; des pilastres en soutiennent la voûte; près de la croisée que garnissent des châssis et de vieux volets, une table en pierre. Dessin fin et transparent de ton, touché avec beaucoup d'art au bistre et légèrement colorié; à droite dans l'ombre, à une pierre, Renoux 1823. h. 9 p. 3 l., l. 6 p. 9 l.

RICHARDSON (Par M.r T.-M.).

98* Moulin à vent entouré d'une vieille muraille, d'une barrière et d'une barraque couverte en tuiles : une jeune fille, appuyée sur la barrière, parle à une villageoise; à droite, près de l'habitation du meunier, une femme jette du grain à des volailles; sur la pente du terrain où le moulin est placé, une charrette renversée, un coq et des poules; des plaines et des montagnes occupent le fond : Morceau à l'aquarelle, très-vigoureux de ton, et d'une touche franche et libre; les éclats de lumière que laissent échapper les nuages qui entourent le soleil, rendent l'effet de ce Dessin très-piquant; à gauche, au bord de la terrasse : T. M. Richardson. h. 9 p., l. 12 p. 9 l.

THIBAULT (Par M.r *Jean-Thomas*).

99* Des Muses baignant le cheval Pégase dans le Permesse : les eaux du fleuve baignent une riche campagne couverte de gazons, de plantes et de groupes d'arbres; dans l'éloignement, le temple de l'Immortalité et le Parnasse : Composition poétique. Ce Sujet est lavé au bistre sur papier blanc. h. 4 p. 6 l., l. 6 p.

Suite des Morceaux de M.r Jean-Thomas *Thibault.*

100* Vue de Subiaco, à trente et quelques milles de Rome (*), dans le Latium, ville bâtie sur un rocher conique : au sommet du rocher, le palais Colonne, palais que possédait le pape Braschi, avant son exaltation ; des hommes se baignent dans le Téverone (ancien Anio), qui coule au pied de cette ville ; au bord de l'eau, un chevrier garde ses chèvres. Dessin à l'aquarelle : Morceau capital, où la perspective linéaire et aérienne sont observées à un haut degré ; à droite, à un rocher : 1811. J. T. Thibault. H. 23 p., L. 31 p.

101* Point-de-Vue pris dans les jardins d'une *villa* d'Italie : à droite, à peu de distance d'un monument en ruine, un homme près d'un mur d'appui. Dessin au bistre. H. 3 p. 8 l., L. 4 p. 6 l.

THIENON (Par M.r *Claude*).

102* Villageoise près d'un jeune Garçon en prière devant une chapelle de Madone placée près d'un bois, au pied d'une montagne : des fortifications et des fabriques couvrent le sommet de la montagne ; deux femmes sont au pied du chemin qui y conduit ; une cascade, d'où les eaux tombent d'un rocher, occupe la droite du devant. Morceau à l'aquarelle, d'un

---

(*) A un mille au-delà de Subiaco, une abbaye de Bénédictins, sous le nom de *Sancta Scolastica*, abbaye devenue célèbre pour avoir été le lieu où parut, en 1465, le premier livre imprimé en Italie, avec date (les Institutions divines par Luc. Cœl. Firm. Lactance, orateur et défenseur de l'Église), ouvrage intitulé *Lactantii Firmiani opera in monasterio Sublacensi*, 1465. In-fol.

ton très-harmonieux; au bord de la terrasse, Thiénon. h. 5 p. 1 l., l. 7 p.

103* Cavaliers à peu de distance d'une forteresse flanquée de tours rondes crénelées et entourées d'eau: sur les tours, des guerriers chargés de la défense de la place; à l'étendard blanc que porte un des chevaliers, est écrit: France. — Dame assise au haut d'un vieux château d'où tombe une grande cascade; elle s'entretient avec un jeune homme qu'on voit en bas de la muraille. Dessins à la sépia, légèrement coloriés. h. 5 p. 2 l., l. 4 p. 6 l.

THOMAS (Par M.r).

104* Cinq Religieux en long manteau noir montant les degrés d'un grand escalier placé entre les murs d'un ancien château et une fontaine: la fontaine est décorée des armes papales; près de là, une lanterne allumée; au haut des degrés, un monastère et des fabriques; site pris au clair de la lune, vigoureusement colorié et très-piquant d'effet; au bas de la rampe de l'escalier, Thomas, 1820. h. 4 p. 1 l., l. 5 p. Ce Dessin et les deux suivans à l'aquarelle.

105* Scène de Carnavale de *la Via del Corso*: à gauche, trois polichinels élevés sur une estrade; celui qui occupe le milieu, le polichinel avocat, arrangue les passans; un à sa droite tient d'une main sa lanterne, de l'autre, un long bâton avec écriteau; on lit sur l'écriteau: *Il Signor Pulcinella avvocato;* un perroquet est perché au-dessus; le polichinel placé à la gauche sonne de la trompette; une femme en domino est assise devant lui; une foule de masques occupe les plans suivans. H. 4 p. 5 l., L. 5 p. 6 l.

106* Marchand d'eau-de-vie chargé d'une manne d'osier remplie de patisseries; une *Minente* (femme du peuple) lui paye une gimblette qu'elle vient de donner à un enfant. La scène se passe près d'une maison : à la droite une croisée grillée. H. 5 p. 5 l., L. 4 p. 2 l.

TOPFFER (Par M.r *Antoine*).

107* Deux Villageois : l'un debout pêche à la ligne dans une cascade dont les eaux ruissèlent entre des rochers couverts de grands arbres; son camarade est assis à ses pieds; dans le fond, un bois et des montagnes. Morceau touché avec fermeté, brillant de ton et vigoureux de couleur; à droite, à une pierre, le chiffre formé des lettres A. T. (*Antoine Topffer*). H. 9 p. 2 l., L. 14 p. Ce Dessin et les sept suivans à l'aquarelle.

108* Deux jeunes Laitières à une fontaine où elles viennent remplir leur tinette : derrière la fontaine, des rochers bordés de vieux saules et de plantes; sur un rocher : A. T. H. 7 p. 7 l., L. 12 p. 6 l.

109* Prairie au pied d'une montagne bordée de grands arbres, où sont deux villageoises : l'une debout, appuyée sur un âne qui broute l'herbe; l'autre assise au bord d'une marre, lave ses jambes; le côté opposé est couvert de troncs d'arbres, de pierres, de broussailles et de plantes; des bois et une chaîne de montagnes terminent cette compo-

Suite des Morceaux de M.r Antoine Topffer:

sition; vers la gauche, à une pierre : A. T. H. 10 p. 5 l., L. 13 p. 8 l.

110*Jeune Villageois assis sur un tertre; au bas du tertre, une cascade tombe entre des rochers couverts de trembles, d'arbustes et de buissons: dans le fond, des montagnes; les devants sont garnis de pelouses et de plantes; à un roc: A. T. H. 7 p. 9 l., L. 11 p.

111*Jeune Fille son chapeau à la main : elle est assise; les racines d'un gros arbre garni de plantes lui servent de siége; son vêtement est en partie caché par un grand tablier blanc; un bonnet de mousseline couvre sa brune chevelure; elle a au cou un rang de perles, et sur la poitrine un petit fichu en sautoir; à la droite de la terrasse, A. T. H. 16 p. 6 l., L. 13 p. 2 l.

112*Villageoise assise les bras croisés: un banc de gazon au pied d'un arbre lui sert de siége; elle a les yeux baissés, et paraît livrée à de profondes réflexions; son chapeau est à terre; à droite, le chiffre A. T. H. 9 p. 3 l. L. 6 p. 10 l.

113*Paysage: sur le devant, près d'un gros arbre, une petite fille, tête nue, est assise; à côté d'elle, un enfant debout, un bonnet sur la tête; à un tertre, le chiffre A. T. H. 6 p. 4 l. L. 8 p. 7 l.

114*Deux Cueilleuses de houblon se reposant au pied d'un arbre : elles sont assises; l'une est appuyée sur la hotte qu'elle a sur le dos; vers la gauche, une barrière et des buissons; à terre, le chiffre A. T. H. 5 p. 6 l., L. 8 p. 2 l.

115*Fontaine dont les eaux arrivent, à travers une

Suite des Morceaux de M.r Antoine TOPFFER.

forêt, dans une auge en pierre, où elles sont amenées par une longue rigole posée sur un rocher garni de branchages et de plantes; et sur un traiteau en bois, deux villageoises viennent y remplir leur baquet; l'une debout a déjà placé le sien sous le bout de la rigole pour en recevoir l'eau; sa compagne, assise sur l'auge, attend son tour; près de la rigole, un groupe formé de chêne et d'autres grands arbres; le terrain, à droite, est couvert de saules et entouré d'eau; du même côté, dans le fond, de hautes montagnes coupées à pic. Morceau recommandable par la marche de sa composition, la sage ordonnance des lumières, l'effet harmonieux, la légèreté de la touche et la beauté de l'exécution. H. 15 p. 9 l., L. 21 p. 2 l. Ce Dessin et les deux suivans lavés au bistre.

116[v] Site pittoresque couvert de bois : on aperçoit entre les arbres des ruines et des débris de murailles; sur le devant, une route bordée, d'un côté, par un mur garni de plantes et couvert de branchages; de l'autre, par une ancienne voûte, un vieux chêne et une haie en paille; sur la route, un villageois et une villageoise; à terre, le chiffre A. T. H. 7 p. 8 l., L. 11 p. 2 l.

117[v] Chemin dans un bois : à gauche, de grandes masses d'arbres; du côté opposé, une baraque en planches; le terrain du devant est couvert de gazons et de plantes; on y voit un baquet près d'une marre; sur l'eau de la marre, *A. Topffer f.t* H. 6 p. 8 l., L. 10 p. 3 l.

VAUZELLE (Par M.r).

118 f Muletiers faisant avancer leurs mulets le long d'un bois, sur une route coupée par une rivière où est un pont qu'un des muletiers a déjà dépassé; des pelouses couvrent les terrains environnans et ceux qui bordent la rivière : Dessin à l'aquarelle, très-harmonieux de ton, et d'une touche fine et spirituelle; à terre: VAUZELLE 1817. H. 6 p. 9 l., L. 8 p. 7 l.

WATELET (Par M.r *Louis-Léon*).

119 * Groupe de vieux Chênes au bord d'une large avenue, où deux cerfs fuient la poursuite de chasseurs encore dans l'épaisseur du bois; près des chênes, à leur gauche, une cascade tombe entre des rochers, et forme un étang dont les eaux s'étendent vers le milieu, et occupent la droite du devant : le sol opposé est couvert de pierres et de broussailles; plus loin, de hautes collines, où quelques arbres indiquent la continuation de la forêt; à l'horizon, des montagnes : Dessin au bistre, les lumières rehaussées de blanc. Cet intéressant épisode décèle le caractère grandiose qui distingue les grandes Compositions de M.r Watelet; on y trouve le beau mouvement et la légèreté d'exécution qui forment partie des caractères ordinaires des ouvrages de cet habile Maître; à droite, sur l'eau de la marre: WATELET 1823. H. 5 p. 6 l., L. 6 p. 11 l.

120 * Temps de brouillard sur mer : à droite, une forteresse environnée de collines, où sont des habitations de pêcheurs; à bord de la côte, une barque : au-delà de la forteresse, on aperçoit les mâtures de quelques bâtimens; la mer occupe le milieu et la gauche:

sur le devant, un pêcheur et sa femme enlèvent du poisson d'un filet qu'ils ont tiré à terre. Dessin d'une grande finesse de ton, légèrement colorié; au coin de la terrasse : WATELET. H. 4 p. 10 l., L. 5 p. 11 l.

---

121 Vingt-neuf Dessins; savoir : par M.r *Demarne*, une Vache au pâturage.— *Desportes*, des Cignes.— *Girardet*, jeune Fille, d'apr. Raphaël.— M.r *Nicolle*, Temple d'Hercule, à Cora, et Paysage avec fabriques. — M.r *Percier*, Terme et Autel avec groupe, représentant Flore et Zéphire.—M.r *Pinelli*, Études de Figures.— M.r *Thibault*, neuf Vues et Paysages avec fabriques. — Par un Artiste moderne, six Esquisses de Paysages et six Études diverses. De ces Dessins, trois (celui de Desportes, un de M.r Nicolle, et celui de M.r Pinelli) sont coloriés. 3 Lots.

ESTAMPES.

BACLER, *d'Albe* (Par M.r *Albert-Louis*).

122 Vues d'Italie, Vues de Suisse. Dessins lithographiés sur pierre. 49 p.

BEATRICIUS (*l'Ancien*).

123 Joseph vendu par ses frères, B V 1533; — Jésus-Christ confiant la garde de son troupeau à Saint Pierre; — Apollon et Marsyas; — quatre Sujets d'apr. des Cartons pour des tapisseries : deux Amours présentant des coupes remplies d'or au Dieu Plutus, figuré par un enfant couronné; trois Amours jouant

Suite des Morceaux de BEATRICIUS *(l'Ancien).*

avec une Autruche; deux Amours se moquant d'un singe qui porte entre ses bras un enfant en maillot; trois Amours, deux tiennent un arc et une flèche, le troisième embrasse étroitement un enfant qu'il soulève en l'air; Epr. avant *Ant. Lafreri formis*; — le Triomphe de l'Amour, Sujet dans une frise: le Dieu est représenté dans un char tiré par deux chèvres. Ces 8 Est. d'apr. Raffaello.

124 Enée se sauvant de l'Embrâsement de Troie avec son père et son fils; — Victoire de Scipion sur Siphax, roi de Numidie et sur les Carthaginois, et l'Entrée Triomphante de Scipion dans la ville de Rome. 2 Epr. sans inscriptions. Ces 3 Morc. d'apr. Raffaello; — Apollon poursuivant Daphné; — des Fleuves consolant le Fleuve Pennée de la perte de sa fille; — Combat naval, où deux hommes dans une barque abordent un vaisseau commandé par une femme; — et deux Soldats combattant ensemble à coups de sabre, d'apr. Giul. Pipi; — plus, la Chute de Phaéton, d'apr. Mich.-Agn. Buonaroti, par *N. Beatrizet.* 8 p.

BONASONI (Par *Giulio*).

125 La Sortie de l'Arche, gravée en 1554, d'apr. Raffaello; — le Christ au Tombeau, 1563, d'apr. Tiziano; — Jazon et Médée, *I Bonasone F;* — plus, l'Académie de Dessin de Bandinelli, par *Æneas Vico*, etc. 6 Est.

CHODOWIECKI (Par M.r *Daniel*).

126 La Danse de la Mort; Traits de l'Histoire de la Maison de Brandeburg et autres; Figures pour l'Enéide, Don Quichotte, Gilblas, Gertrude, les

Tables de Gellart, Scènes de Comédies, etc. 190 p. sur 24 feuilles.

CLARK (Par M.r *J.*).

127 Sujets de Chasse et de Pêche, d'apr. M.r H. Alken; Morc. à l'aquatinte. 5 p. Epr. en couleurs.

COINY (Par M.r *Joseph*).

128 La Création d'Ève (d'apr. la fresque peinte par Michel-Ange dans le plafond de la chapelle Sixtine à Rome). H. 9 p. 8 l., L. 13 p. 4 l. Epr. avant la lettre et sur pap. de Chine; au bas, à gauche, en caractères tracés à la pointe : *dessiné à Rome d'après Michel Ange et gravé par J. Coiny* 1823.

CUMANO (Par).

129 Sujets, Paysages, Portraits, Etudes de Têtes, etc. Morc. gravés à l'eau-forte, d'apr. des Estampes de Rembrandt. 49 p. sur 12 feuilles de carton.

DENON (Par M.r *Dominique-Vivant*).

130 Sujets, Paysages, Portraits et Etudes; plusieurs de ces Morc. d'apr. Raphaël, Le Guerchin, le Titien, Giordano, Rembrandt et Teniers; la plupart des autres sur les Dessins du Graveur. 94 p. sur 32 feuilles de carton.

ÉDELINCK (Par *Gérard*).

131*La Sainte-Famille de Jésus-Christ, Raphaël Pinx. (Tableau du Musée Royal). Epr. avant les armes de Colbert.

132 La Sainte-Famille de Jésus-Christ, d'apr. Raphaël. Epr. avant les armes de Colbert (Cette p. est en feuille).

FIELDING (Par M.r *C. V.*).

133 *View From Richmond Hill*, p. à l'aquatinte. Epr. en couleurs.

GESSNER (Par *Salomon*).

134 Jeune Femme et un Enfant près d'un homme qui pêche à la ligne dans un étang où tombe une cascade. Epr. avant toutes lettres; des Scènes pastorales, des Vignettes, etc. 26 p.

GIRARDET (Par *Abraham*).

135 L'Apothéose d'Auguste, gravée sur le Dessin fait par M.r Bouillion, d'apr. le Camée dit *de la Sainte-Chapelle;* Camée antique en sardonix, de trois couches, qui se voit au Cabinet des Antiquités, à la Bibliothèque Royale. Epr. avant la lettre; seulement *Bouillion del*, tracé à la pointe.

HARDING (Par M.r *J. D.*)

136 *S.t Anselm's Chapel, Canterbury Cathedral S.t Ethelbert's Tower. — Part of Greenwich. Hospital from the ravensborne. — Sturry. — Between roveredo and riva*, par M.r Harding; par M.r Westall, *Canterbury, from north Lane.* — Plus, des Sujets de Chasse. Dessins lithographiés sur pierre. 12 p.

HEATH (Par M.r *Charles*).

137* Jeune Femme débarbouillant un homme avec de l'eau d'une pompe, d'apr. M. W. Sharp. p. en l. Epr. avant la lettre.

KOLBE (Par *Charles-Wilhelm*).

138 Nymphe couchée au bord de l'eau. — *Die Hirtenknaben*, par Kolbe; plus, six Paysages. 8 p., la plupart Epr. avant la lettre.

Suite des Morceaux de Charles-Wilhelm *Kolbe.*

139 Pan et Syrinx; des Paysages, la plupart ornés de figures et d'animaux, et diverses Etudes. Morceaux gravés à l'eau-forte. 18 p., 9 sont sur 7 feuilles de carton.

LECOMTE et G. T. (Par M.r *Aimé*).

140 Ariane (abandonnée dans l'île de Naxos). Dessin lithographié sur pierre, d'apr. M.r Girodet-Trioson. H. 11 p. 10 l., L. 14 p. 2 l. Epr. avant la lettre, pap. de Chine.

MANTUANO (Par *Giorgio-Ghisi*).

141 La Dispute sur le Saint-Sacrement, ou l'Assemblée des Docteurs et des Pères de l'Église, pour l'établissement de la présence réelle du corps de Jésus-Christ dans le Saint-Sacrement de l'autel, gravé en 1552, d'apr. le Tabl. peint par Raffaello Sanzio dans la 3.me chambre du Vatican. — Cimetière où des Squelettes sortent de leur tombeau et reprennent une nouvelle chair, pour paraître au jugement dernier, 1554; d'après Gio.-Batt. Britano, Épr. avant *Ant. Lafreri formis.* — Vénus, Vulcain et trois Amours, d'apr. Perino del Vaga. — le Père-Éternel soutenant entre ses bras son fils unique mort pour le salut des hommes: Sujet inventé et gravé en 1576 par Gior.-Ghisi Mantuano. 4 Est.

MANTUANO (Par *Adamo Ghisi*).

142 Suite de soixante-treize Pièces, la 1.re intitulée MICHAEL ANGELVS BONAROTVS PINXIT ADAM SCVLPTOR MANTVANVS INCIDIT, Tit. en huit lignes, dans un cartouche ovale; les 72 autres représentent des Etudes

de Figures, de Sibylles, de Prophètes, d'Hommes et de Femmes assis, et quelques Groupes tirés des voûtes de la chapelle Sixte, au Vatican. H. 4 p. 6 l. à 5 p. 5 l., L. 3 p. 8 l. à 4 p. 2 l. Au bas de chaque P., celle du Tit. compris, à droite des n.os 1 à 73 (1); à gauche un A en caractère gothique, dans lequel est la lettre *S* (chiffre dont Adam Mantuan a marqué ses ouvrages).

MANTUANO (Par *Diana-Ghisi*).

143 Le Corps mort de Patrocle retiré de la mêlée dans un combat entre les Grecs et les Troyens. — Taureau offert en sacrifice devant la statue de Jupiter: Epr. avant *Horatius Pacificus formis*. Ces 2 P. d'apr. Giul. Pipi Romano. — Plus, Angélique et Médor: Sujet dont la composition est attribuée à Giul. Pipi, et la gravure à *Marco de Ravenne* (2). 3 Est.

MARCO-ANTONIO RAIMONDI (Par).

Morceaux d'après Raffaello Sanzio d'Urbino.

144 Le Massacre des Innocens (seconde Pl.) : RAPH VRBI INVEN et le chiffre M. F. Cette Estampe et celles de 11 des articles qui suivent, sont anciennes Epr. avant tous noms d'éditeurs.

145 Jésus-Christ rayonnant de gloire, assis sur des nuages, entre la Sainte-Vierge et Saint Jean-Baptiste; Saint Paul debout tenant une épée, et Sainte Catherine une palme à la main droite, à genoux et ap-

---

(1) Selon Ad. Bartsch, page 420, XV.e vol. du *Peintre-Graveur*, cette Suite ne serait que de 72 P.

(2) P. Mariette le croit gravé par *Karolus*, dont le chiffre est formé des lettres *S K*.

puyée sur une roue, sont au bas: à droite, au coin du devant de la terrasse, la tablette sans chiffre. P. dite en Italie *I cinque Santi* (les cinq Saints).

146 La Sainte Vierge assise à terre: près d'elle l'Enfant-Jésus, Saint Jean-Baptiste et Saint Joseph; à gauche au coin de la terrasse, la tablette sans chiffre: pièce dite en Italie, *La Vergine a lunga Coscia (La Vierge à la longue Cuisse)*.

147 Saint Paul prêchant à Ephèse: à droite, la statue d'un guerrier sur un piédestal avec table renfoncée; à gauche, à environ une ligne du trait carré qui entoure la composition, la tablette sans chiffre. P. gravée d'apr. un carton fait pour les tapisseries du Vatican.

148 Jupiter embrassant l'Amour qui demande grâce pour Psyché; — Cupidon et les trois Grâces; — Mercure descendant du Ciel pour chercher Psyché: ces 3 P. d'apr. les Peintures des angles de la Galerie du palais Chigi à Rome (actuellement le Petit-Farnèse), aux 2 1.ères P., sur l'entablement, près la naissance de l'ogive, la tablette sans chiffre: elle est du côté gauche à la 1.ère et à droite à la 2.ème; la 3.ème est sans marque.

149 Apollon pinçant de la Lyre: ce dieu est assis sur le Parnasse, entouré des Muses et des plus fameux Poëtes: dans les airs, des génies ailés portent des couronnes; au bas du milieu de l'Estampe, à une place blanche, RAPHAEL PINXIT IN VATICANO; au-dessous, le chiffre M F.

150 La Fable de Psyché, suivant la description d'Apulée, suite dont la gravure est attribuée à *Marco Antonio*:

Suite des Morceaux de MARCO-ANTONIO RAIMONDI.

on la croit en partie d'*Augustin* Vénitien et de l'ancien *Beatricius;* aux 4.e, 7.e et 13.e P. : A. V., et aux 3.e, 5.e et 6.e, un *dé,* qui ressemble à celui dont Beatricius a marqué ses pl. 32 P., 27 sont sans les mots *Ant: Sal. ex.* Morceaux placés dans un vol. in-fol. Plusieurs des Epr. sont d'un ton très-vigoureux.

151 Alexandre-le-Grand faisant déposer les livres d'Homère dans la cassette de Darius, en présence de savans et de plusieurs de ses capitaines; au bas de l'Estampe, vers la gauche, la tablette sans chiffre: elle est appuyée près du socle de la cassette.

152 La Carcasse ou la Sorcellerie: P. dite en Italie le *Stregozzo ;* à ce Morc., dont Paul Lomazo attribue la composition à Michel-Agnolo, à terre, vers la gauche, la tablette renversée et sans chiffre; du même côté, sur une espèce de cor dont sonne un jeune garçon monté sur un bouc, les lettres A. V.

153 Le Martyre de Saint Laurent, d'apr. un Dessin de Bartol. Baccio Bandinelli, dont le Tableau devait être exécuté à Saint-Laurent de Florence; à gauche de la terrasse, et sur le devant, le chiffre M. F, près d'une pierre où est l'inscription BACCIVS BRANDIN INVEN : Pièce dite en Italie *la Graticola di S^o^ Lorenzo.*

154 L'Empereur Trajan couronné par la Victoire : à la droite, au-dessous du bouclier d'un soldat, au haut d'une pierre, le chiffre M. F. P. gravée d'apr. un bas-relief de l'Arc de Constantin.

155 Le Triomphe d'un Empereur romain : au milieu le

Génie de la ville de Rome, figuré par un jeune homme coiffé d'un casque, foulant à ses pieds des boucliers et des armures; composition de plus de quarante figures, gravée sur un Dessin attribué à And. Mantegna, p. sans marque, nommée en France *le Bas-Relief de Marc-Aurèle*, et en Italie *il Pitto* ou *le Triomphe de l'Amour.*

MULLER (Par *Jean-Gothard V.*).

156 La Vierge à la Chaise, d'apr. le Tabl. de Raphaël, au palais Pitti à Florence, Sujet composé dans un rond; les angles du rond teintés avec une taille et une entre-taille. Morc. gravé à Stutgard, sur le Dessin de M.r Dutertre. Epr. avant toutes lettres.

NOVELLI (Par *Francesco*).

157 Sujets, Portraits, Etudes de figures et de têtes : Morc. gravés à l'eau-forte, la plupart d'apr. des Estampes de Rembrandt. 36 p. sur 12 feuilles de carton.

OSTADE (*Par Adrien Van*).

158 Scènes de Tabagies, Paysages, Etudes de figures et de têtes : 52 Morc. dessinés, et le plus grand nombre gravé à l'eau-forte par Ostade; et le Portrait de ce Maître : Morc. en man. noire, *J. Gole exc.* En tout 53 p. sur 14 feuilles de carton.

PERELLE (Par *les*).

159 Différentes Suites de Paysages, dessinés et gravés à l'eau-forte. 78 p. sur 30 feuilles de carton.

PINELLI (Par M.r *Bartolomeo*).

160 Sujets divers, et Recueils de Costumes d'Italie, dessinés et gravés à l'eau-forte. 52 p.

POILLY (Par *François de*).

161 La Sainte Vierge levant un linge qui couvre l'Enfant-Jésus endormi, pour le faire voir au petit Saint Jean ; Raphael Vrbinas In (Tabl. du Musée Royal), Tit. en deux lignes, *Quid Mater...... tegeretur, erat.* Epr. avant la contre-taille sur le linge que la Sainte Vierge lève.

REINHART (Par M.r *Jean-Chrétien*).

162 Vues de Monumens d'Italie, et Paysages. 21 Morc. Epr. avant la lettre, et cinq Etudes d'Animaux. Ces 26 P. à l'eau-forte.

ROSSINI (Par M.r).

163 Vues de Monumens de Rome, dessinés et gravés à l'eau-forte, de 1817 à 1823. 28 P. 21 sont en L., les 6 autres en H.

SAINT-NON (Par *Richard de*).

164 Sujets, d'apr. des Tableaux et des Antiquités d'Italie, d'autres d'apr. des Maîtres français : Morc. à l'eau-forte ou au lavis. 31 P. sur 16 feuilles de carton.

VERNET (Par M.r *Horace*).

165 Bivouac français : Dessin lithographié sur pierre, en 1818. H. 12 p. 8 l., L. 17 p. 7 l.

VIVARÈS (Par *François*).

166 Grand Sacrifice annuel au Temple d'Apollon, dans l'île de Délos; — Danse de Bergers; — et Vue des Environs de Naples. Ces 3 P. d'apr. Claude-le-Lorrain.

WEIROTTER (Par *François-Edmund*).

167 Paysages gravés à l'eau-forte par *Weirotter*; le plus

grand nombre d'apr. ses propres Dessins, quelques autres d'apr. ceux de J. Geor. Wille. 50 p. sur 18 feuilles de carton.

ESTAMPES DE DIFFÉRENS MAITRES.

168 Vingt-six Estampes, savoir : par *Beatricius* l'ancien, la Vierge couronnée par des Anges, un Sujet de Psyché; — *Boivin*, des Sujets de l'histoire de Jason; — *Mantuanus*, Apollon et les Muses, le Jugement de Pâris, Angélique et Médor; — *Marco* de Ravenne, un Bas-Relief; les autres Morc. par plusieurs des mêmes Maîtres et d'autres anciens Graveurs italiens. 2 Lots.

169 Trente-six Estampes par *Dietricy*, *Goudt*, *Ostade*, *Potter*, *P. V. H.*, *Roos*, *Stoop*, *Suaneuelt*, et *Waterloo*, des Paysages et des Animaux : Morc. à l'eau-forte; d'autres d'apr. Goltzius, par *Saenredam*, etc.

170 Paysages et Animaux, dessinés et gravés à l'eau-forte, par *Janson*, *Klein*, *Klengel*, *Kobell*, *Konig*, *Morgenstern*, *Overbeek*, *Ponheimer*, *Primavesi*, *Reinhold*, *Stark*, *Thiele*, *Van Os*, et autres. 83 p. 1.eres Epr. 2 Lots.

171 La Vierge et l'Enfant-Jésus, par *C. Agricola*, d'apr. Holbein; — Vues de Suisse : 14 p. par *S. Birmann*; — Vues d'Italie : 6 p., par *Gmelin*; — et 5 Vues d'Allemagne, par *Haldenwang*, d'apr. Graimberg, et 13 Morc. par *Adam* et *Chodowiechi*. En tout, 39 p. 1.eres Epr., la 1.ere sur pap. de Chine.

172 Sujets de Chasses, Animaux, Etudes de plantes, etc. 19 par *Howitt*; 19 par *J. Scott*, et 16 par *Corbould, Davenport, Greig, Hormaan, Mitan, Ranson, Tookey*, etc. 54 P. 1.res Epr., plusieurs sont avant la lettre et 6 sur pap. de Chine. 3 Lots.

173 Figures et Vignettes pour différens Ouvrages; 18 par *J. Heath*; et 24 par *Bromley, Cromek, Engleheart, Finden, Raimback, Rodes, Smith, Warren*, etc. 42 P. 1.res Epr., la plupart avant la lettre. 12 sont sur pap. de soie. 2 Lots.

174 Portrait, Figure et Vignettes, gravés par *Cooper, Heath, Meyer, Romney* et *Woodman*. 11 P., Epr. sur pap. de Chine.

175 Différens Sujets, Vignettes, Fleurons, etc., gravés en tailles sur bois, la plupart par *Austin, Brantson, Clennell, Hole* et *Nesbit*. 112 P.

176 Vues de Sicile, d'apr. les Dessins de P. Dewint, 7 par *Ch. Heath*, et 13 par *Askey, Cooke, Edwards, Goodall, Wallis* et *Westwood*. 20 P.

177 Vues d'Angleterre et autres, gravées par *Angus, Cooke, Greig, Hollis, Le Keux, Middiman, Pye, Rawle* et *Smith*. 27 P. 3 sur pap. de Chine. 3 Lots.

178 Vues, Paysages, Monumens antiques et autres: gravés par *Archer, Cooke, Deeble, Espin, Greig, Heath, Higham, Keux, Lanseer, Lewis, Medland, Morris, Peltro, Pouncy, Pye, Ranson, Roberts, Stadler, Stewart, Storer, Vanall, Wallis, Watts*, etc. 134 P., la plupart 1.res Epr. Quelques-unes sont avant la lettre et 5 sur pap. de Chine. 4 Lots.

179 Deux Estampes; par *J. Pesne*, l'Evanouissement d'Esther; — *Gil. Rousselet*, Rébecca. Ces 2 p. d'apr. N. Poussin.

180 Vingt-une Estampes: par *Boissieu*, la Femme aveugle; — M.r *Boug-D'Orschwiller*, cinq Vues et Paysages; — M.r *Demarne*, une Scène villageoise et deux Paysages; — M.r *Dunouy*, quatre Vues et Paysages; — M.r *Reynier*, en 1816, Intérieur du Village, etc. ces p. à l'eau-forte.

181 Figures et Vignettes pour différens Ouvrages; elles sont gravées par *Mathieu*, *Oortman*, *Girardet*, M.rs *Bein*, *Bosq*, *Devilliers* frères, *Larcher*, *Leroux*, *Urb. Massard*, *H. C. Muller*, *Ruhierre*, *Sixdeniers*. 22 p. avant la lettre. — Plus, divers Vignettes, Vues, Portrait, Statue et Morceaux à l'eau-forte : 24 p. En tout 47 Estampes, 6 sont sur pap. de Chine. 2 Lots.

182 Sujets, Portraits et Vignettes, par M.rs *Coupé*, *Johannot*, *Larcher*, *Leclere*, *Lefèvre* fils aîné, *Leroux*, *Pigeot* et *Roger*. 18 p. Epr. avant la lettre, 5 sur pap. de Chine. 2 Lots.

183 Sainte Félicité, par *Marco Antonio*; la Pandore, par *Albert Durer*; Macbeth, Céladon et Amélie, par *W. Woollett*; Rébecca, par *Drevet*; et 58 autres p. de Maîtres d'Italie, d'Allemagne et de France. 4 Lots.

184 Quarente-huit Sujets, Vues, etc., par des Maîtres d'Angleterre et de France; deux Cahiers de Figures au trait, et dix Cartes des Environs de Paris. 2 Lots.

185 Neuf Estampes : par M.r *Dambrun*, la jeune Ménagère, d'apr. G. Dov; Famille hollandaise, d'apr.

Slingelandt; — M.r *Devilliers* l'aîné, le Ménage du Menuisier, d'apr. Rembrandt; — M.r *Geissler*, Paysage, d'apr. Berghem; Paysage, d'apr. Ruysdael; le Passage d'un Gué, d'apr. Claude-le-Lorrain; — M.r *Pigeot*, la Transfiguration, d'apr. Raphaël; Descente de Croix, d'apr. Rubens; — *Ribault*, Marcus Sextus, d'apr. M.r Guérin; toutes ces Est. prem. Epr. avant la lettre; plus, 1 Epr. d'eau-forte du Sujet de Sextus. 10 P.

186 Trentedeux Estampes, d'apr. des Maîtres des Pays-Bas et autres; plusieurs sont de M.r *Janet* ou sous sa direction.

187 Sujets militaires et autres, Portraits, Monument gothique, Etudes de Figures, d'Animaux, etc.; Dessins lithographiés par M.rs *Bourgeois*, *Bouton*, *Charlet*, *Daguerre*, *Isabey*, *Lebas*, *Mauzaisse*, *C.* et *H. Vernet*. 26 P.

188 Sujets, Portraits, Paysages, Monumens, etc.; Dessins lithographiés sur pierre, par M.rs *Fragonard*, *Grevedon*, *Singry*, *Villeneuve*, *C. Vernet* et autres. 31 P.

189 Vues d'Italie, de Suisse et de France: Dessins lithographiés sur pierre, par *Michallon*, M.rs *Bourgeois*, *Isabey*, *Thienon*, *Villeneuve*, etc. 21 P.

ESTAMPES EN SUITES ET EN RECUEILS.

190 Figures pour le Don Quichotte de Michel Cervantes, d'apr. Rich. Westall, par *Cha.s Heath*. 24 P.

191 Figures pour les Œuvres de Lord Byron : vingt-une pièces, d'apr. Rich. Westall, et le Portrait de Byron, d'apr. Th.^e Phillips ; de ces 22 p., 16 sont gravées par *Ch. Heath*, les 8 autres par *Armstrang*, *Englcheart*, *Finden*, *Romney*, et *Warren*. Epr. avant la lettre, pap. de Chine.

192 *Illustrations of Ivanhoe; a romance by « the Author of Waverley », etc.* : fig. d'apr. Rich. Westall, par *Ch. Heath*. 7 p. Epr. avant la lettre. Pap. de Chine.

193 Figures pour *Lalla Rookh by Thomas Moore*, d'apr. R. Smirke : 7 p. 3 sont de *Ch. Heath*, les 4 autres, de *Finden*, *Robinson*, et *Romney*. Epr. avant la lettre, pap. de Chine.

194 *Sicilian Scenery from Drawings by P. de Wint the Original Sketches by Major Light London* 1823 : Fig. en 61 Pl. ; savoir : par *I. C. Allen*, 1 ; *Ch.^s Askey*, 3 ; *I. Byrne*, 6 ; *W. Cooke J.^r*, 3 ; *G. Corbould*, 1 ; *J. C. Edwards*, 1 ; *Edw. Finden*, 3 ; *E. Goodall*, 8 ; *Ch.^s Heath*, 9 ; *H. Hobson*, 2 ; *G. Hollis*, 1 ; *C. Lacy*, 1 ; *S. Middiman*, 2 ; *W. Miller*, 1 ; *John Pye*, 1 ; *Wm Radclyffe*, 1 ; *Rob. Wallis*, 13 ; et *C. Westwood*, 3 ; avec chaque fig., une explication en anglais et en français ; plus, 2 pl., Titre et Vignette, d'apr. P. de Wint, par *John Pye* ; en tout 63 Estampes, avec la lettre tracée à la pointe : ces 1.res Epr. sur pap. de Chine. 12 Livr. in-4.° broch., publ. par Rodwell et Martin.

195 *Italian Scenery from Drawings made in 1817 by miss Batty*. London, 1820, 2 vol. gr. in-8.° cart., l'un de texte, l'autre de figures ; ces fig. en 60 Pl., d'apr. E. F. Batty : 33 gravées par *Ch. Heath*, et 27

par *Askey*, *Corbould*, *Finden*, *Freebairn*, *Levis*, *Mitan*, *Rhodes*, *Smith* et *Wallis*.

196 *German Scenery from Drawings made in 1820 by Captain Batty of the Grenadier Guards F. R. S. London* 1823 : Fig. en 60 Pl., savoir : par *R. Acon*, 1; *I. C. Allen*, 2; *Ch. Askey*, 1; *Th. Barber*, 2; *E. Blore*, 1; *I. Byrne*, 1; *W. Cooke J.*, 1; *G. Corbould*, 2; *Edw. Finden*, 4; *Ch. Heath*, 11; *J. Henshall*, 2; *H. Hobson*, 1; *Sam. Lacey*, 3; *W. Miller*, 2; *Thom. Owen*, 5; *W. Radclyffe*, 2; *J. Redaway*, 2; *E. I. Roberts*, 2; *J. A. Rolph*, 1; *W. R. Smith*, 1; *W. Tombleson*, 4; *Rob. Wallis*, 2; *C. Westwood*, 1; *H. Winkles*, 3; et *W. Woolnoth*, 3; avec chaque Fig., une explication en anglais et en français; plus, la pl. du Tit. En tout 61 Estampes avec la lettre tracée à la pointe; ces 1.res Epr. sur pap. de Chine. 12 Livr. in-4.° broch., publ. par Rodwell et Martin.

197 Vues des Comtés de Suffolk et d'Essex: 24 cah. in-12, fig.; du Comté de Suffolk, n.° 1 à 12; du Comté d'Essex, n.° 1 à 12.

198 Soixante Vues des plus beaux Palais, Monumens et Eglises de Paris, Cathédrales et Châteaux de la France, gravées par Mr *Couché* fils (Suite publ. par Mr Vilquin), 60 p. précédées d'un frontispice et du Plan de Paris, et suivies d'une Vue intitulée, Pont des Invalides; toutes 1.res Epr. avant la lettre et avant les n.^{os} aux 60 Vues; de plus, à cet Exempl. tiré sur pap. grand in-8.° et l'unique de ce format, 1 Vue générale de Paris, et 1 double Epr. du Plan de cette Ville : ces 2 p. aussi avant la lettre. En tout 65 p.

199 Le même Ouvrage, Epr. avant la lettre aux 60 Vues, mais avec les n.os. En tout 63 r. Format in-12.

200 Vues de Provins, dessinées et lithographiées en 1822, par plusieurs Artistes, avec un texte par M. D., Paris, Gide, 1822. 3 Livr. gr. in-4.° en cah.

201 Les Articles non décrits au Catalogue, seront divisés sous ce n.°

FIN.

ORDRE DE LA VENTE.

PREMIÈRE VACATION, *Mardi* 3 *Février* 1824.

Tableaux, N.os 1, 6, 7, 8, 9, 10, 11, 12, 17, 18.

Dessins encadrés et en feuilles, N.os 19, 20, 24, 25, 28, 31, 34, 35, 36, 39, 40, 43, 44, 45, 48, 49, 50, 51, 55, 60, 61, 64, 67, 68, 70, 71, 73, 74, 75, 76, 77, 80, 83, 84, 90, 91, 92, 93, 94, 95, 99, 101, 103, 104, 106, 111, 112, 113, 114, 117, 121 partie, et 201 partie.

DEUXIÈME VACATION, *Mercredi* 4 *Février*.

Tableaux, N.os 2, 3, 4, 5, 13, 14, 15, 16.

Dessins encadrés et en feuilles, N.os 21, 22, 23, 26, 27, 29, 30, 32, 33, 37, 38, 41, 42, 46, 47, 52, 53, 54, 56, 57, 58, 59, 62, 63, 65, 66, 69, 72, 78, 79, 81, 82, 85, 86, 87, 88, 89, 96, 97, 98, 100, 102, 105, 107, 108, 109, 110, 115, 116, 118, 119, 120, 121 partie restante, et 201 partie.

TROISIÈME VACATION, *Jeudi* 5 *Février*.

Estampes en feuilles, N.os 122 à 189 compris.

Estampes en Suites et en Recueils, N.os 190 à 200, et 201 partie restante.

AVERTISSEMENT.

Les Amateurs et les Curieux connaissent assez le goût éclairé et le tact fin et délicat de M.r D.... pour nous dispenser de faire ici l'éloge de la Collection décrite au présent Catalogue : nous leur rappellerons seulement que les Tableaux et les Dessins se composent de Productions d'hommes habiles qui brillent actuellement dans la carrière des Arts; que les Estampes offrent des Pièces capitales de Maîtres anciens, et qu'elles sont en général avec les remarques qui servent à constater la primauté des Epr.; qu'au nombre des Morceaux de celles des Graveurs actuels, ils trouveront un beau choix de Pièces tirées sur papier de Chine, presque toutes Epr. avant la lettre.

Les Tableaux et les Dessins sont richement bordés; dans les descriptions, la droite ou la gauche est indiquée eu égard à la personne qui regarde.

Les mesures des Tableaux ont été prises de l'arrasement intérieur de la bordure; celles des Dessins, du trait carré qui entoure la Composition.

L'étoile placée près des n.os, aux articles des Dessins, sert à indiquer les Morceaux qui sont sous verre.

ABRÉVIATIONS.

D'apr. . . .	d'après.	Mor.	Morceau.
Épr.	Épreuve.	p.	pièce.
Est.	Estampe.	p.	pouce.
H.	Hauteur.	pap.	papier.
L.	Largeur.	Pl.	Planche.
l.	ligne.		

(*Voir*, pour l'ordre de la Vente, la page 48.)

www.ingramcontent.com/pod-product-compliance
Ingram Content Group UK Ltd.
Pitfield, Milton Keynes, MK11 3LW, UK
UKHW020401220726
13923UKWH00004B/1674